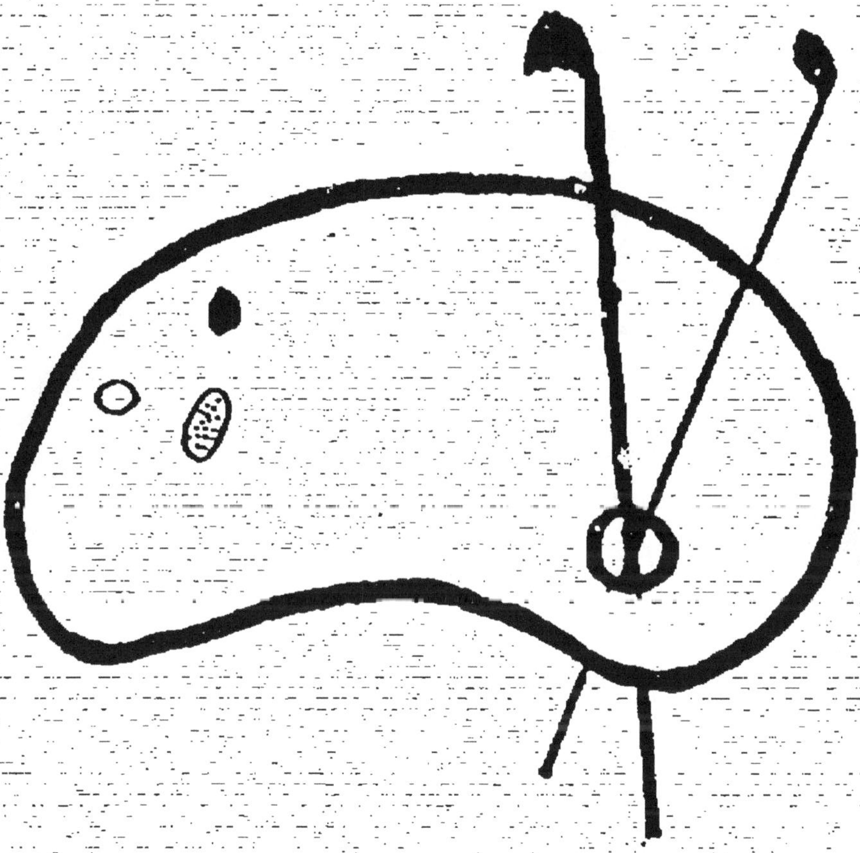

ORIGINAL EN COULEUR

NF Z 43-120-8

FIRMIN-DIDOT & Cie
PARIS

DÉPÔT LÉGAL
/92

δ K
11122

LES DISTRACTIONS

DE L'ENFANCE

DEUXIÈME SÉRIE. — Format petit in-8° ill.

Typographie Firmin-Didot et Cie. — Mesnil (Eure).

Fig. 1. — Un dentiste au siècle dernier.

LES DISTRACTIONS

DE L'ENFANCE

PAR

HENRI DE SAINT-LUNOIS

OUVRAGE ORNÉ DE 7 GRAVURES

PARIS

LIBRAIRIE DE FIRMIN-DIDOT ET Cⁱᵉ

IMPRIMEURS DE L'INSTITUT, RUE JACOB, 56

LES DISTRACTIONS

DE L'ENFANCE

LES DENTS

Amis lecteurs qui faites la grimace lorsqu'on vous propose une visite chez le dentiste, quels cris auriez-vous poussés, en pareille nécessité, si vous aviez vécu au temps où l'art dentaire n'était guère représenté que par les charlatans qui enlevaient, parait-il, les molaires à la pointe du sabre !

En ce temps-là, les outils perfectionnés que l'on emploie aujourd'hui pour les extractions, n'existaient pas, et l'on ne pouvait, même avec l'instrument inventé par Garengeot, chirurgien qui florissait sous le règne de Louis XV, enlever une dent sans meurtrir horriblement les gencives. Aussi, les douillets qui n'osaient confier leur mâchoire à des hommes de l'art, préféraient s'opérer eux-mêmes. Pour cela, ils montaient sur une chaise ou une échelle double, attachaient au piton qui se trouvait fixé au plafond de leur chambre un fil très résistant, en nouaient l'extrémité restée libre autour du *collet* de la dent malade, puis... sautaient par terre. « Aïe! » — L'opération ratait presque toujours, parce que le fil cassait ou s'échappait, et il fallait quand même se précipiter chez le dentiste, en proie à des rages intolérables.

Aujourd'hui, on n'en est plus réduit à de semblables expédients, parce que les extractions sont moins douloureuses et plus rapides, et qu'en outre, malgré d'assez mauvaises dents, on peut parvenir à conserver fort longtemps une mâchoire bien garnie, si l'on fait de fré-

quentes visites chez son dentiste, même sans
avoir ressenti aucune douleur. Un bon praticien
découvre souvent sur une dent, un point noir,
un commencement de carie qu'il est toujours
temps d'arrêter, sans que le sujet ait à souffrir
pour cela : un plombage ou une aurification
habilement pratiqués, ne font jamais mal.

Bien entendu, ces visites ne doivent dispenser
en aucune façon des soins qu'il faut prendre de
ses dents. A ce propos, il est recommandé de
ne point boire froid immédiatement après avoir
mangé des aliments très chauds, de ne pas
essayer de casser des corps très durs, etc...
Quant aux soins de propreté, chacun sait qu'ils
consistent à se frotter les dents, matin et soir,
avec une brosse assez dure que l'on trempe dans
de l'eau mélangée d'une de ces poudres ou
teintures dentifrices que l'on trouve dans le
commerce. L'emploi du rince-bouche après les
repas devrait être aussi général, car on ne saurait
prendre trop de soins de sa bouche.

« Les dents, a dit un auteur, sont le plus bel ornement de la figure humaine; elles ajoutent de nouveaux agréments à la beauté des traits du visage, elles sont l'indice de la santé, de la fraîcheur, et le mouvement dès lèvres qui s'épanouissent dans le sourire, s'harmonise merveilleusement avec la blancheur éclatante et la régularité d'une denture parfaite. Le prestige de cette parure naturelle est même tel, qu'on lui donne la prééminence sur tous les autres attraits de la figure.

Cet attrait d'une bouche saine, garnie de belles dents, chez une personne dont les traits de la figure sont plus ou moins laids est encore prouvé par le contraste de la peine qu'on éprouve en voyant une belle personne montrer, en souriant, des dents laides, jaunes ou noires. L'aspect seul de dents semblables éveille toujours dans l'esprit l'idée d'une haleine forte, d'une conversation odorante, et produit toujours une répugnance invincible.

LES CLOCHES

Chez nous, la cloche est plus qu'un instrument, elle est un symbole, une poésie, une expression touchante qui résume toute la vie, depuis la naissance jusqu'à la mort, et même elle étend son domaine au delà, car elle réveille en nous les souvenirs impérissables des êtres aimés qui nous attendent dans d'autres régions.

« Cet instrument pieux semble animé d'un esprit toujours plein de vie, d'une âme qui ne vieillit jamais; il est le génie ami du pays qu'il berce de ses ondes sonores, il a recueilli dans son sein toutes les confidences des temps passés, et, tout en pleurant et chantant avec nous, il nous murmure les lointaines souvenances, les légendes du foyer, l'histoire de nos pères, qu'il transmettra avec les mêmes accents à nos petits-neveux.

« Aussi, la cloche du village, on ne l'oublie

jamais, et quand après une longue absence, on revient sous le ciel natal, comme sa voix connue remplit l'atmosphère d'émotion et de suaves frémissements, comme elle fait tressaillir, comme elle remplit les yeux de douces larmes ! »

A ces paroles de M. Rambosson, nous ajouterons que l'instrument dont cet écrivain chante les vertus en de si belles phrases, est connu de toute antiquité. On prétend que les Chinois possédaient déjà des cloches il y a plus de 4000 ans. De fait, il en est question dans les plus vieux auteurs, d'où l'on peut inférer que la cloche fut un des premiers instruments de musique, en métal. Mais il ne paraît pas qu'on ait fabriqué de grandes cloches avant le cinquième siècle ; les premières furent fondues en Campanie sous le pontificat de saint Paulin, vers l'an 420. L'usage s'en répandit promptement dans l'Occident, où les cloches servirent à annoncer l'heure des cérémonies et des offices de l'Église.

Ce fut vers le quatorzième siècle qu'on imagina d'assembler un grand nombre de petites cloches, qu'on dirigea au moyen d'un clavier. Cette invention, appelée *carillon*, s'est répandue particulièrement en Belgique et en Hollande où il n'est pas rare de trouver des hommes qui, à l'aide de leurs pieds, de leurs poings et de leurs dents, carillonnent avec une rapidité extraordinaire.

Il y avait autrefois en France un grand nombre de belles cloches; beaucoup d'entre elles ont été fondues pendant la Révolution et transformées en monnaie.

Fig. 2. — Cloche du VIe siècle.

L'art de couler les grosses cloches est antérieur de plusieurs siècles à la fonte des canons; le métal dont elles sont faites est un alliage de cuivre et d'étain; quelques fondeurs y ajoutent du zinc et même un peu de plomb.

Voici le relevé du poids des cloches les plus lourdes du monde : Anvers, 8,000 kilog.; Malines, 10,000; Bruges, 11,500; Cologne, 12,500; Paris (le bourdon de Notre-Dame), 16,000; Sens, 17,000; Vienne (Autriche), 20,000; Londres (Saint-Paul), 21,500; Novgorod, 31,000; Pékin, 65,000; Moscou, 70,500; et une autre de 220,800 kilog. existe aussi dans cette dernière ville; on l'appelle *le tsar des cloches.* Cette cloche, la plus grande du monde entier, date de 1653; sa hauteur est d'environ $7^m,50$, sa circonférence à la base, de $21^m,50$; mais elle n'a jamais été mise en place.

LES ANIMAUX SAVANTS

Il n'est pas de foire, de réunions d'acrobates et de saltimbanques, où l'on ne rencontre au moins une ou deux baraques dont les propriétaires procèdent à l'exhibition d'animaux savants de toute taille, de toute espèce et de toute nature. Depuis la puce qui traîne un char en papier jusqu'à l'éléphant qui avale une bouteille de champagne après l'avoir débouchée ou qui tire au pistolet, tout le règne animal y passe, dans ses plus curieux échantillons.

Ce n'est pas d'aujourd'hui que certains industriels ont consacré leurs veilles à cette occupation intéressante qui consiste à dresser un animal à l'exécution des tours les plus singuliers. Sans parler de l'habileté que les jongleurs du moyen âge déployaient sous ce rapport, Paris, il y a cent ans, était littéralement peuplé d'animaux savants qui faisaient la joie des badauds et des désœuvrés. Un petit almanach du temps est plein de renseignements à ce sujet. Il raconte d'abord les exploits de la « troupe volatile » exposée à la foire de Saint-Germain, laquelle se composait de différents petits oiseaux qui faisaient des « exercices de sauteurs, l'estrapade, double estrapade, la voltige, l'exercice militaire et un grand nombre d'équilibres. Un de ces oiseaux travaillait au commandement des dames, et plusieurs autres, posés dans un soleil d'artifice, conservaient la même tranquillité que s'ils avaient été dans leurs cages. »

Puis, c'était un cerf savant, dont son maître faisait ainsi l'éloge : « Par les soins les plus assidus, on est parvenu à le rendre poli, obéissant, serviable et reconnaissant; en sorte qu'il

Fig. 3. — Éléphant tirant au pistolet.

ne lui manque que la parole. En entrant, sans être attaché, il salue la compagnie respectueusement en baissant la tête trois fois jusqu'à terre; il se pose ensuite avec l'attitude qu'il prend dans les forêts; va trouver la plus jolie dame de la compagnie, ainsi que l'homme le plus ambitieux; il connaît toutes les couleurs, distingue les personnes âgées des jeunes, fait le manège comme un cheval espagnol, allant au pas, au trot et au galop; se tourne à droite et à gauche, s'arrête au commandement; il saute à travers un cercle avec une vivacité étonnante; il joue aux cartes et aux dés avec le premier de la compagnie qui se présente; met le feu à un canon avec son pied aussi adroitement que le meilleur canonnier; marche derrière celui qui bat la caisse, comme un soldat; lorsqu'on lui bande les yeux, en feignant de se préparer à lui casser la tête, il se met à genoux, et à la parole de grâce, il se relève joyeux et remercie celui qui lui accorde son pardon; il marque la valeur de toutes sortes de monnaies, et rapporte comme un chien la pièce qu'on lui aura prêtée; il tire un coup de pistolet avec la bouche, éteint un lustre garni de lumières, et fait beaucoup d'exercices dont le récit serait trop long. »

En voilà assez pour nous apprendre que ce cerf était bien élevé et de bonne compagnie. Mais il nous semble surpassé encore par une certaine troupe de rats dont il est ainsi parlé : « Un rat d'une grosseur prodigieuse, portant une barbe vénérable, habillé avec soin, dansait sur la corde tendue; il tenait dans ses petites pattes un balancier, et se présentait avec autant d'assurance que le plus habile danseur de corde; sa grâce et sa gentillesse charmaient tout le monde. Ensuite une douzaine de rats, dressés sur leurs pattes de derrière, dansaient une sarabande au milieu du théâtre, avec une précision, une agilité surprenantes. » Enfin, à ces serins, à ce cerf, à ces rats, il convient de joindre un phoque bien dressé, que son cornac annonçait en ces termes : « Il a le regard doux et humain, un instinct tout particulier; il est fort docile, obéit au commandement, donne la patte, salue la compagnie, caresse ceux qui l'appellent, et aime beaucoup la musique. » Cette dernière réflexion ne manque pas d'intérêt.

Nicolet, le fameux saltimbanque, montrait parfois des animaux savants. Entre autres, à ses danseurs de corde il joignait un singe nommé Turco, très habile à cet exercice, et qui avait acquis une véritable célébrité, ainsi que nous l'apprend un annaliste :

« Turco, singe très habile sur la corde et fameux à la foire, mourut il y a trois ou quatre ans, d'une indigestion de dragées. Il était fort aimé du public et allait faire la conversation avec les spectateurs qui l'appelaient. Il s'asseyait sur l'appui des loges et grugeait toutes les pastilles des dames dont il était l'enfant gâté. »

LA COIFFURE
AU SIÈCLE DERNIER

Jamais la coiffure des femmes ne subit autant de métamorphoses qu'au siècle dernier. Ces coiffures, qui commencèrent à être très basses, arrivèrent à une hauteur tellement invraisemblable, qu'un directeur de l'Opéra fut obligé de les interdire dans son théâtre, parce qu'elles interceptaient la vue du décor et des acteurs. Sous le règne de Louis XVI, elles furent compliquées, pesantes, incommodes, échafaudées sur des fils de fer et d'argent. On y introduisait une multitude d'objets qui les transformaient en parterres, en boutiques de curiosités; il y eut même des frégates, lors du célèbre combat de *la Belle-Poule*. Bachaumont nous a laissé une description curieuse de l'attirail dont la duchesse de Chartres, mère de Louis-Philippe, se chargeait la tête. « Au fond, dit-il, était une petite femme assise sur un fauteuil et tenant un nourrisson. C'étaient le duc de Valois et sa nourrice; à droite, un perroquet becquetant une cerise; à gauche, un négrillon; le surplus était garni de touffes de cheveux du duc de Chartres, son mari, du duc de Penthièvre, son père, du duc d'Orléans, son beau-père, etc.

Mais la reine Marie-Antoinette s'étant montrée en 1776, au bal de l'Opéra, avec un toupet relevé et hérissé en pointe, fit venir la mode de la *coiffure en hérisson*. Non seulement les femmes, mais les hommes aussi l'adoptèrent en supprimant le bonnet.

Il faudrait un volume pour décrire toutes les coiffures qui se succédèrent pendant le dix-huitième siècle; du reste, sous ce rapport, le nôtre

Fig. 4. — Tentative de fraude à l'octroi de Paris
(caricature du XVIIIe siècle).

n'est guère moins fécond en variations, et ce serait une tâche bien difficile que de vouloir enregistrer tous les caprices de cette déesse inconstante et légère que l'on nomme *la Mode*.

LES CARTES A JOUER

Les cartes à jouer ont été probablement inventées en Orient, comme les échecs. Elles étaient d'abord formées de petites plaques d'ivoire peintes ou gravées, dont les sujets offrent quelques analogies avec les pièces du jeu d'échecs. C'est vers l'an 1380 qu'on les introduisit en Europe; mais alors, les cartes coûtaient fort cher : l'imprimerie et la gravure sur bois n'étant pas encore inventées, il fallait comme pour la fabrication des livres dessiner tous les jeux de cartes et les enluminer à la main. Aussitôt que la gravure permit de reproduire à l'infini une empreinte grossière qui créa l'imprimerie à un demi-siècle de là, les graveurs d'Allemagne répandirent dans toute l'Europe leurs jeux de cartes qui devinrent populaires en tombant à bas prix. La ville d'Ulm faisait un tel commerce de cartes, qu'on les envoyait par ballots en Italie pour les échanger contre des épices et des marchandises.

En France, les cartes apparurent sous le règne de Charles VII et furent très différentes des jeux étrangers. Et comme il était alors défendu, sous peine de dix sous d'amende, de se livrer aux jeux pouvant empêcher les sujets du roi à pratiquer l'exercice des armes pour la défense du royaume, un servant d'armes modifia les cartes de manière à les mettre au rang des exercices militaires : le *trèfle* figurant la garde d'une épée, le *carreau*, le fer carré d'une grosse flèche, le *pique*, la lance d'une pertuisane, le *cœur*, la pointe d'un trait d'arbalète, étaient les armes et les compagnies armées ; les *as*, nom d'une monnaie ancienne, signifiaient l'argent pour la paye des troupes; les quatre rois repré-

Fig. 5. — Neuf de trèfle tiré d'un jeu dont chaque carte
représente un fait historique.

sentèrent les quatre grandes monarchies, juive,

grecque, romaine et française avec David, Alexandre, César et Charlemagne; les quatre dames symbolisaient les quatre *vertus* des anciens jeux, *Judith* au lieu de la *Force*, *Pallas* au lieu de la *Justice*, *Rachel*, au lieu de la *Fortune*, et *Argine* au lieu de la *Tempérance* : cette *Argine*, anagramme de *regina* doit être Marie d'Anjou, femme de Charles VII, recommandable par sa piété et sa douceur ; les quatre valets représentaient la noblesse de France, depuis son époque héroïque jusqu'à la chevalerie : *Hector de Troie*, père de ce fabuleux Francus, qui passait pour le premier roi franc; *Ogier le Danois*, l'un des pairs de Charlemagne; *Lahire*, le plus brave capitaine de Charles VII, et le valet de trèfle qui personnifie l'inventeur ou plutôt le réformateur du jeu de cartes conformément aux éléments que nous venons d'examiner.

La fabrication actuelle des cartes à jouer donne lieu à des opérations tellement multipliées, que l'on est étonné de les voir vendre à des prix si modérés. Les cartes sont composées de trois feuilles de papier : le *papier au pot*, sur lequel on imprime les figures et les points ; le *cartier*, qui forme le dos de la carte ; le *tracé* ou *main-brune*, que l'on place entre les deux autres, et dont la pâte est grise afin d'empêcher la transparence. Les contours sont seuls imprimés d'avance en noir, la couleur est passée ensuite au moyen de patrons. Après l'enluminage on lisse, on frotte les cartes avec le savon sec, on les redresse au moyen de la presse, puis on les coupe. Ensuite on les trie, on les assemble et on en forme des jeux.

Les cartes anglaises sont les plus belles ; après viennent les cartes françaises puis les cartes allemandes et danoises. Dans les états méridionaux, la fabrication est arriérée, sauf en Espagne.

LES VOITURES PUBLIQUES

Nos omnibus et nos tramways pour lesquels nous rêvons encore des perfectionnements sont des véhicules de paradis si on les compare aux lourds chariots des siècles passés. Jadis, les cahots occasionnés par la construction toute primitive des voitures, et le mauvais état des routes qui n'étaient que des sentiers à peine frayés, obligeaient les chevaux à ne marcher qu'au pas; aussi les hommes voyageaient-ils surtout à cheval et les femmes en litière. Pensez donc que sous François Ier, il n'y avait à Paris que trois carrosses, y compris celui de la reine!

Ce ne fut guère qu'après des tentatives sans

résultat, au dix-septième siècle, que la voiture publique prit naissance. Le *carrosse de voiture*, comme on l'appelait alors, était une énorme voiture, en bois chevillé de fer, à quatre roues et à brancards, longue d'environ, $2^m,30$ et large de $1^m,65$, pouvant contenir huit ou dix personnes assises au pourtour, sur les deux sièges du fond, ainsi que sur ceux placés contre les portières. Ces portières ne pouvaient s'ouvrir qu'autant que les sièges étaient relevés; elles n'étaient pas garnies de glaces, comme les berlingots de ville, mais on se garantissait du vent, de la pluie et de la poussière, avec des rideaux de cuir. On surchargeait tellement de bagages, de malles et de porte-manteaux, le dessus de la voiture, qu'il ne fallait pas moins de huit chevaux pour la faire avancer dans les mauvais chemins. Plus tard, les voitures de voyage furent encore agrandies et alourdies; on les nomma *gondoles*, et l'on y ménagea douze places, en divisant la voiture en deux compartiments, dont le second s'ouvrait par derrière. Les places étaient si pressées que, suivant l'expression de Mercier, « chacun redemande sa jambe ou son bras à son voisin, lorsqu'il s'agit de descendre ».

Au dix-huitième siècle, sous le ministère Turgot on créa les *turgotines*, voitures monstrueuses attelées de maigres chevaux qui paraissaient prêts à rendre le dernier souffle sous le fouet du postillon. On ne saurait se faire une idée du nombre de voitures de toute espèce, voitures publiques à prix fixe ou voitures de louage, qui desservaient les environs de Paris lorsque la cour résidait à Versailles et que les innombrables châteaux, anciens et modernes, qui existaient alors dans un rayon de trente lieues autour de la capitale, étaient habités par la noblesse et la finance, surtout à l'époque des chasses. Les voitures les plus en usage étaient le *carabas*, le *pot-de-chambre* et le *panier*. Le carabas se composait d'une longue cage d'osier montée sur soupente, à quatre ou six roues, pouvant renfermer vingt à vingt-quatre personnes, et traînée majestueusement par six chevaux qui ne parvenaient pas sans peine à faire quatre lieues en six heures et demie. Le pot-de-chambre marchait plus vite, quoiqu'il fût fabriqué pour contenir cinq voyageurs et qu'il en admît quelquefois neuf ou dix entassés les uns sur les autres. Cette hideuse voiture était une caisse ouverte par devant, reposant sur deux grandes roues, et offrant deux banquettes mal rembourrées à six victimes. C'étaient les premiers venus qu'on appelait les *singes;* ceux qui venaient ensuite devaient se contenter d'être assis, avec le cocher, sur la banquette de bois qu'on rabattait devant le tablier qui fermait la voiture : on les nommait *lapins.* Le *panier* était ainsi nommé, parce que son avant et son arrière se prolongeaient de deux paniers qui servaient à porter les bagages.

Les voitures publiques qui portent encore le

nom d'*omnibus* (mot latin qui signifie pour tous) et dont la fonction est de desservir des lignes fixes, firent leur apparition en 1825. Dès son origine, ce mode de transport fit fureur et les dames de la noblesse ne dédaignèrent point ces voitures populaires où la duchesse de Berry avait voulu monter une des premières. Peu d'innovations ont obtenu un succès aussi éclatant et aussi durable.

Les omnibus sont si universellement connus, qu'il semble

Fig. 6. — Le panier.

inutile de les décrire; il en est de même des *tramways* dont l'invention est beaucoup plus récente. Ce n'est guère qu'après les événements de 1870-71 que l'on songea sérieusement à installer ces rails posés à plat et sans saillies dans lesquels s'engagent les roues des tramways. L'exposition universelle de 1878 provoqua une extension très importante de ce mode de locomotion dans le réseau de Paris, et depuis, les développements occasionnés par le succès de l'entreprise ont épargné aux Parisiens bien des fatigues et bien du temps. Les tramways sont tantôt traînés par des chevaux, tantôt mus par la vapeur ou l'électricité, mais ces deux derniers modes de traction n'ont pas été adoptés dans l'intérieur de Paris à cause des dangers qu'ils présentaient.

Les *fiacres* ont une origine plus ancienne; ils remontent au dix-septième siècle. Le prix de la course, heureux temps! était alors tarifé à cinq sous par personne, et malgré cela, l'entreprise n'obtint pas tout le succès qu'elle méritait et s'arrêta au bout de quatre ans. Vers la fin du même siècle, un nommé Sauvage obtint l'autorisation d'établir une entreprise de voitures de louage qu'il installa dans un local désigné sous le nom d'*Hôtel Saint-Fiacre,* de là le nom de fiacres resté en usage pour désigner ces voitures légères et fragiles appelées en argot *sapins,* qui sillonnent jour et nuit les rues de la capitale, conduites par ce type parisien qui ne fait que trop souvent parler de lui, le cocher de fiacre.

UN BRIGAND CÉLÈBRE

Ce brigand, du nom de Cartouche, a eu le triste avantage de léguer son nom à la postérité comme celui du voleur le plus habile des temps modernes. Né d'une famille parisienne d'artisans qui jouissaient d'une honnête aisance, il fut dès son enfance chassé pour des larcins reconnus, d'abord du collège où on l'avait placé puis de la maison paternelle, où l'on avait espéré en vain réformer ses penchants vicieux. Livré alors à lui-même, ce jeune homme alla trouver une bande de voleurs en Normandie. Son audace, ses ruses, sa force prodigieuse et son adresse le firent bientôt admirer de ses complices, qui le choisirent pour chef. Mais déjà Cartouche ne trouvait plus la province digne de ses talents et ce fut dans la capitale qu'il vint les exercer.

Il forma à Paris une troupe de bandits très nombreuse, et qui fut sous-peu de temps très redoutée. Il lui avait donné des règlements qui assuraient au chef un pouvoir despotique et lui conféraient sur chacun de ses subordonnés le droit de vie et de mort. Quoique une forte récompense eût été promise à celui qui livrerait Cartouche à la justice, celui-ci sut se dérober longtemps à toutes les recherches. Arrêté enfin dans un cabaret de la Courtille, il parvint à s'évader des prisons du Châtelet en perçant un mur qui communiquait avec la cave d'une maison voisine; mais, aperçu par un des habitants qui donna l'alarme, il y fut repris sur-le-champ et placé dans un cachot mieux surveillé.

Le procès de ce bandit fameux dura plusieurs

Fig. 7. — Cartouche à l'hôtel de ville, d'après une gravure
du temps.

mois et excita vivement la curiosité publique. Devant ses juges, Cartouche montra un sang-froid, un calme et une gaîté imperturbables. Des personnages et des dames de la première distinction, entre autres la maréchale de Boufflers, eurent la curiosité de le visiter; un auteur dramatique fit une pièce intitulée *Cartouche ou les Voleurs*.

En vertu d'une sentence du parlement, du 26 novembre 1721, Cartouche fut conduit le surlendemain en place de Grève, pour être rompu vif; il espérait alors que ses compagnons, dont il avait refusé de livrer les noms à ses juges, feraient un mouvement pour le délivrer; mais ne voyant que des bourreaux et des gardes, il se fit conduire à l'hôtel de ville, avoua tous ses crimes, et révéla le nom de ses innombrables complices. Après ces révélations, Cartouche accepta les consolations de la religion que jusqu'alors il avait refusées, et subit son supplice avec courage. Ainsi mourut, à peine âgé de vingt-neuf ans, mais encore trop tard pour ses contemporains, cet homme sinistre qui eut le génie du crime comme d'autres, fort heureusement, ont le génie du bien.

FIN.

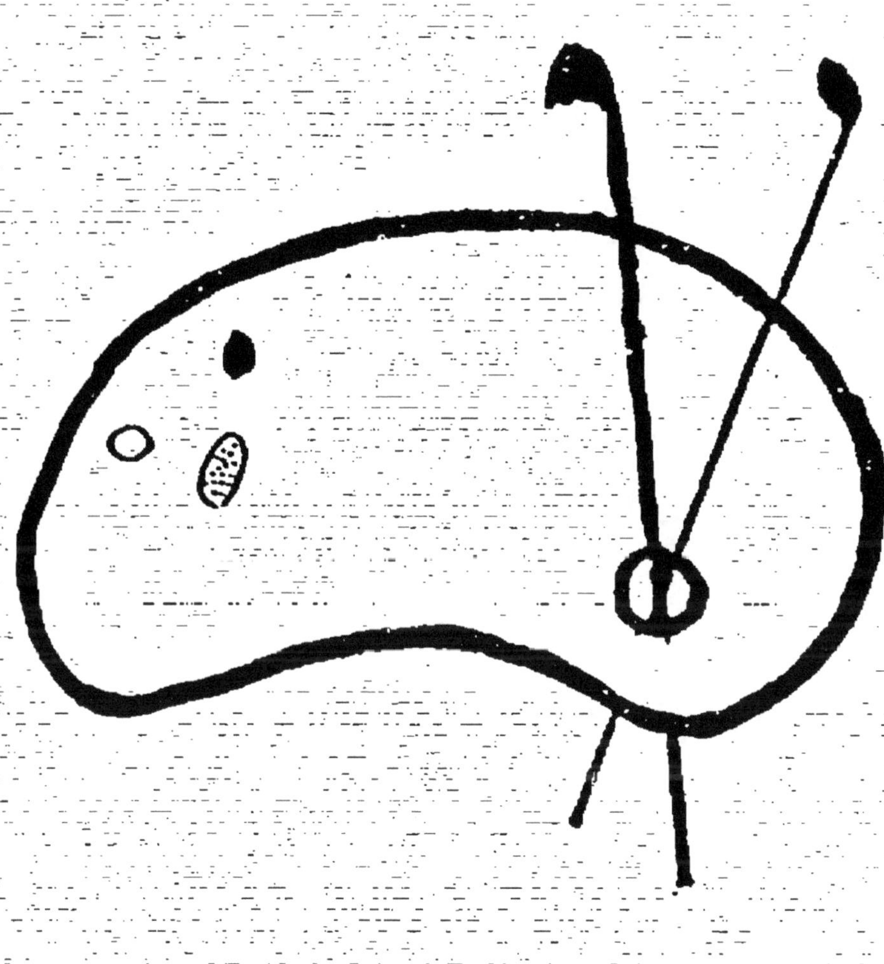

ORIGINAL EN COULEUR
NF Z 43-120-8

www.ingramcontent.com/pod-product-compliance
Ingram Content Group UK Ltd.
Pitfield, Milton Keynes, MK11 3LW, UK
UKHW020953120726
13693UKWH00004B/1687